Impressum
Verlag: BABADADA GmbH, Nedderfeld 112 , 22529 Hamburg
Geschäftsführer / Verlagsleitung: Harald Hof
Druck: Books on Demand GmbH, In de Tarpen 42, 22848 Norderstedt

Imprint
Publisher: BABADADA GmbH, Nedderfeld 112 , 22529 Hamburg, Germany
Managing Director / Publishing direction: Harald Hof
Print: Books on Demand GmbH, In de Tarpen 42, 22848 Norderstedt, Germany

школа

sekolah

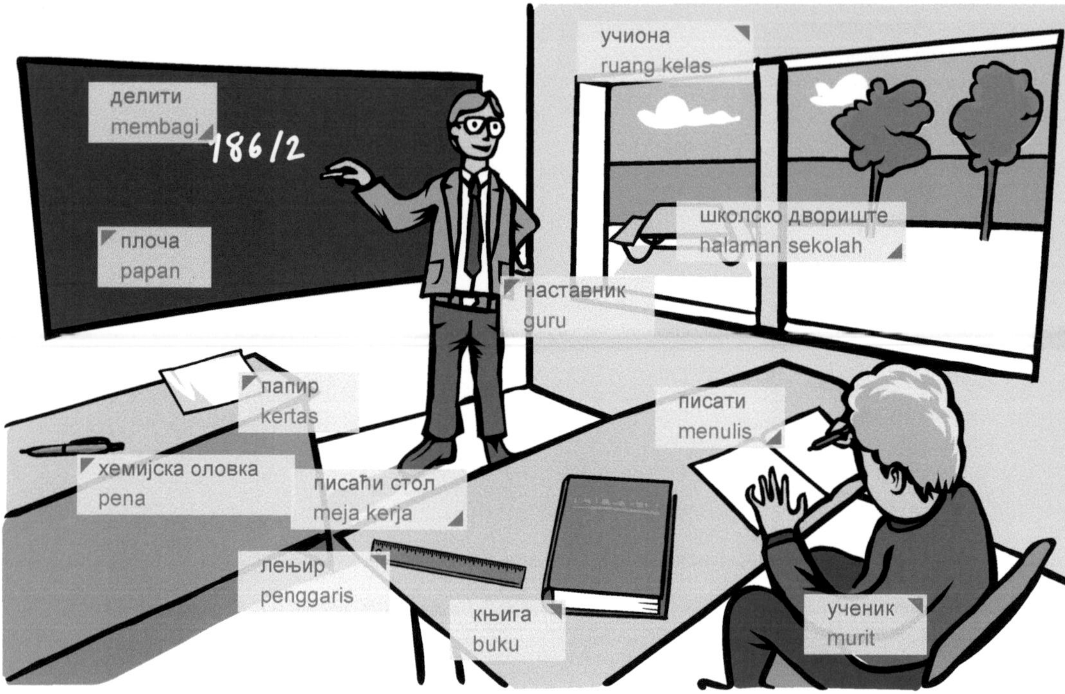
учиона
ruang kelas
делити
membagi
186/2
школско двориште
halaman sekolah
плоча
papan
наставник
guru
папир
kertas
писати
menulis
хемијска оловка
pena
писаћи сто
meja kerja
лењир
penggaris
књига
buku
ученик
murit

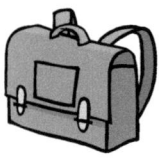

торба

tas sekolah

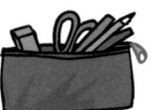

перница

tempat pensil

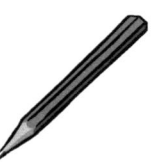

графитна оловка

pensil

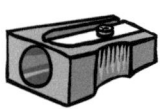

шиљило за оловке

pengasah pensil

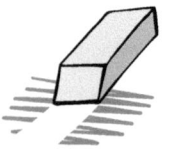

гумица за брисање

penghapus

блок за цртање

kertas gambar

цртеж

gambar

кист

kuas

кутија са бојама

kotak cat

маказе

gunting

лепило

lem

бележница

buku latihan

домаћи задатак

pekerjaan rumah

број

angka

сабирати

tambhakan

одузимати

mengurangi

множити

mengalikan

рачунати

menghitung

слово

huruf

абецеда

alfabet

реч

kata

текст

teks

читати

membaca

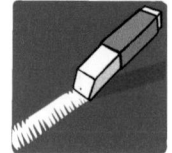

креда

kapur

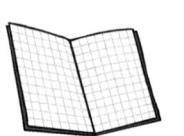

час

pelajaran

дневник

daftar

испит

ujian

сведочанство

sertifikat

школска униформа

seragam sekolah

образовање

pendidikan

лексикон

ensiklopedi

универзитет

universitas

микроскоп

mikroskop

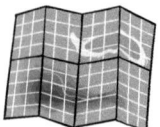

карта

peta

кошара за папир

tempat sampah

путовање
perjalanan

хотел
hotel
Grand
преноћиште
hostel
ROOMS
CHANGE
мењачница
kantor pertukaran mata uang
кофер
koper
ауто
mobil

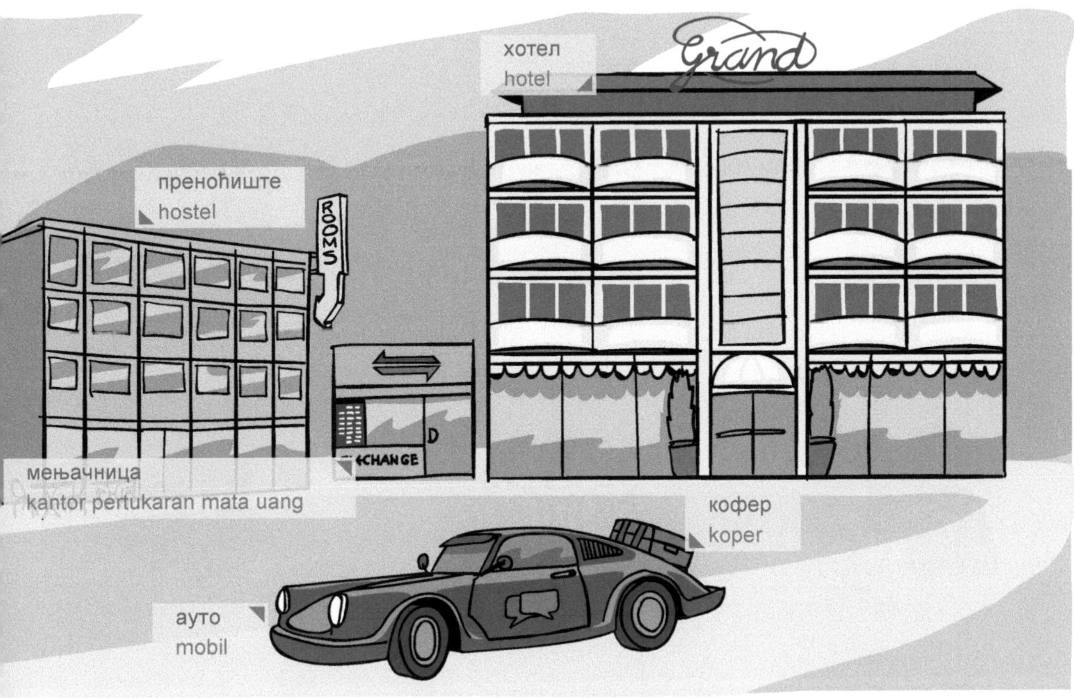

језик

bahasa

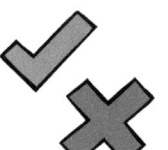

да / не

ya / tidak

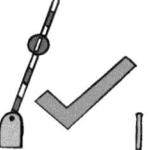

океј

okay

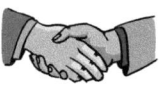

здраво

hallo

преводилац

penerjemah

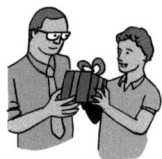

хвала

terima kasih

Колико кошта…?

Berapa harganya…?

не разумем

saya tidak mengerti

проблем

masalah

добро вече!

Selamat malam!

Добро јутро!

Selamat siang!

Лаку ноћ!

Selamat tidur!

довиђења

sampai jumpa

смер

arah

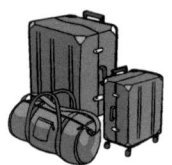

пртљага

bagasi

торба

tas

руксак

ransel

гост

tamu

соба

ruang

врећа за спавање

kantong tidur

шатор

tenda

туристичке информације

informasi wisata

плажа

pantai

кредитна картица

kartu kredit

доручак

sarapan

ручак

makan siang

вечера

makan malam

карта за вожњу

tiket

лифт

elevator

поштанска маркица

perangko

граница

perbatasan

царина

cukai

амбасада

kedutaan

виза

visa

пасош

paspor

транспорт

transportasi

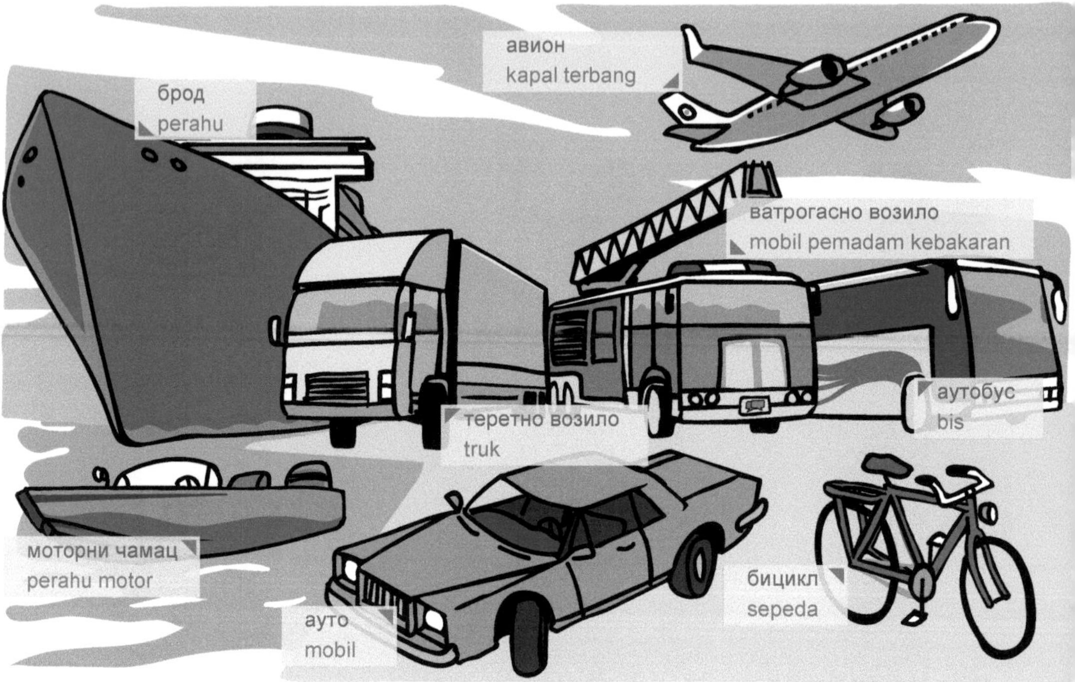

авион
kapal terbang
брод
perahu
ватрогасно возило
mobil pemadam kebakaran
теретно возило
truk
аутобус
bis
моторни чамац
perahu motor
бицикл
sepeda
ауто
mobil

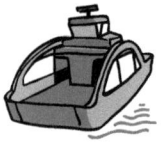

трајект

feri

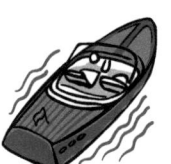

чамац

perahu

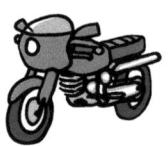

мотоцикл

sepeda motor

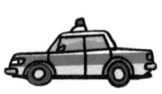

полицијски ауто

mobil polisi

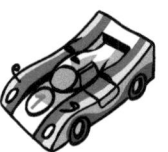

тркаћи ауто

mobil balapan

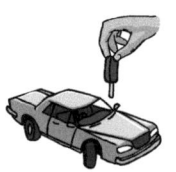

изнајмљено ауто

mobil sewa

дељење аутомобила

berbagi mobil

вучно возило

truk derek

возило за одвоз смећа

truk sampah

мотор

motor

бензин

bahan bakar

бензинска станица

bensin

саобраћајни знак

tanda lalulintas

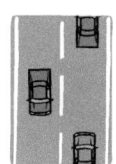

саобраћај

lalulintas

застој

macet

паркиралиште

parkir mobil

железничка станица

stasiun kereta

шине

trek

воз

kereta api

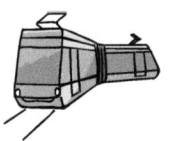

трамвај

tram

вагон

gerobak

хеликоптер

helikopter

аеродром

bendara

кула

menara

путник

penumpang

контејнер

container

картон

karton

колица

troli

корпа

keranjang

узлетети / слетети

berangkat / mendarat

град

kota

село

desa

центар града

pusat kota

кућа

rumah

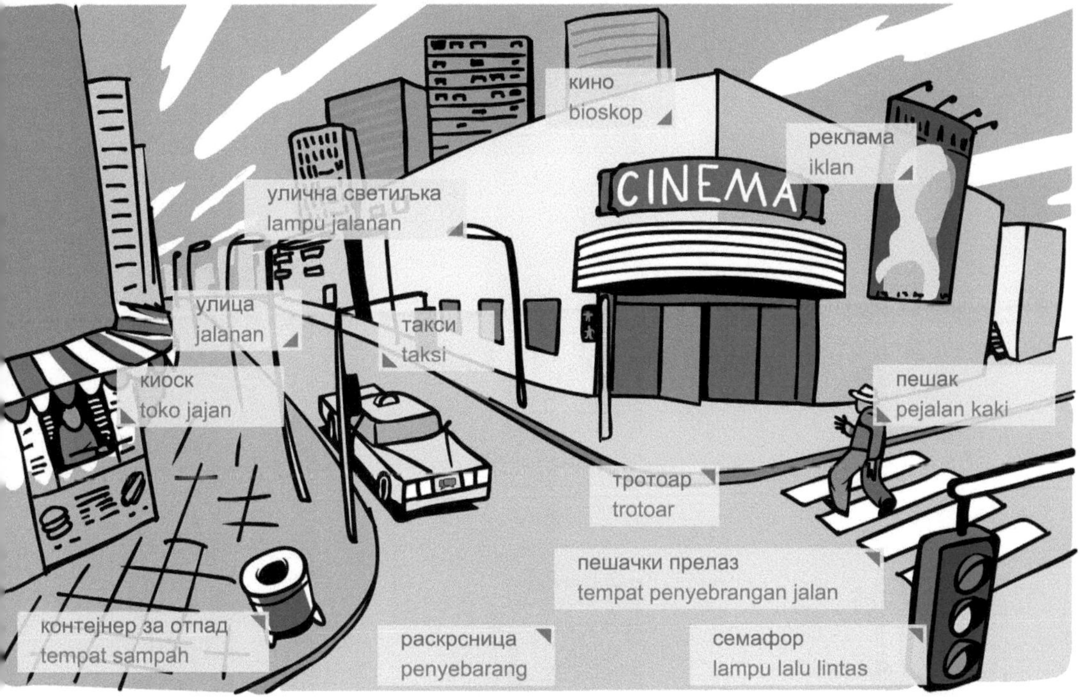

кино
bioskop

реклама
iklan

улична светиљка
lampu jalanan

улица
jalanan

такси
taksi

киоск
toko jajan

пешак
pejalan kaki

CINEMA

тротоар
trotoar

пешачки прелаз
tempat penyebrangan jalan

контејнер за отпад
tempat sampah

раскрсница
penyebarang

семафор
lampu lalu lintas

колиба

gubuk

стан

rumah flat

железничка станица

stasiun kereta

већница

balai kota

музеј

museum

школа

sekolah

универзитет

universitas

банка

bank

болница

rumah sakit

хотел

hotel

апотека

farmasi

канцеларија

kantor

књижара

toko buku

продавница

toko

цвећара

toko bunga

супермаркет

supermarket

трг

pasar

робна кућа

toko serba ada

рибарница

nelayan

трговачки центар

pusat belanja

лука

pelabuhan

град - kota

парк

taman

клупа

banku

мост

jembatan

степенице

tangga

подземна железница

kereta bawah tanah

тунел

terowongan

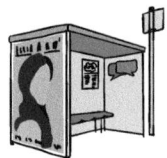

аутобуска станица

pemberhantian bis

бар

bar

ресторан

restauran

поштанско сандуче

kotak surat

улични знак

tanda jalan

паркирни аутомат

meteran parkir

зоолошки врт

kebun binatang

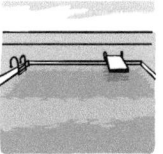

базен

kolam renang

џамија

mesjid

сеоско газдинство

pertanian

загађење околине

polusi

гробље

kuburan

црква

gereja

игралиште

tempat bermain

храм

pura

пејсаж

pemandangan

лист
daun

путоказ
penunjuk arah

пут
jalanan

ливада
padang rumput

камен
batu

дрво
pohon

шетач
pejalak kaki

река
sungai

трава
rumput

цвет
bunga

долина

lembah

планина

bukit

језеро

danau

шума

hutan

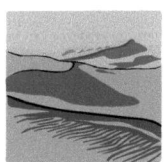

пустиња

padang gurun

вулкан

gunung berapi

дворац

istana

дуга

pelangi

гљива

jamur

палма

pohon palem

москито

nyamuk

мува

lalat

мрав

semut

пчела

lebah

паук

laba-laba

буба

kumbang

жаба

kodok

веверица

tupai

јеж

landak

зец

kelinci

сова

burung hantu

птица

burung

лабуд

angsa

дивља свиња

babi jantan

јелен

rusa

лос

rusa

насип

bendungan

ветрењача

turbin angin

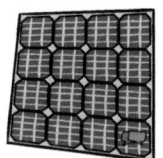

соларна плоча

panel surya

клима

iklim

конобар
pelayan

јеловник
daftar makanan

столица
kursi

супа
sup

пица
pizza

прибор за јело
peralatan makan

стољњак
taplak

предјело

hindangan pembuka

главно јело

hidangan utama

десерт

hidangan penutup

напитци

minuman

јело

makanan

флаша

botol

брза храна

fastfood

имбис храна

masakan jalanan

чајник

teko teh

доза за шећер

kaleng gula

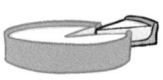

порција

porsi

апарат за еспресо

mesin espresso

висока столица

kursi tinggi

рачун

tagihan

послужавник

baki

нож

pisau

виљушка

garpu

кашика

sendok

чајна кашика

sendok teh

салвета

serbet

чаша

gelas

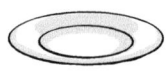

тањир

piring

тањир за супу

piring sup

тањирић

lepek

сос

saus

сољенка

tempat garam

млин за бибер

gilingan merica

сирће

cuka

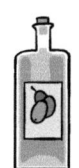

уље

minyak

зачини

bumbu

кечап

saus tomat

сенф

mustar

мајонеза

mayones

супермаркет
supermarket

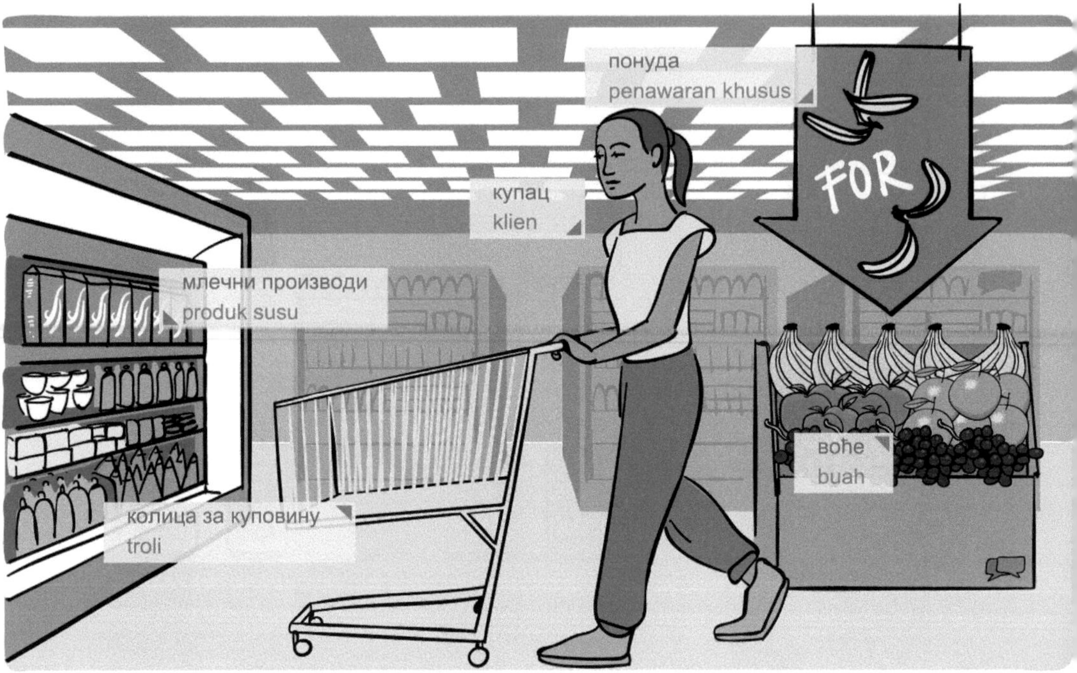

понуда
penawaran khusus
FOR
купац
klien
млечни производи
produk susu
воће
buah
колица за куповину
troli

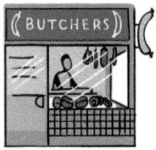

BUTCHERS

месница

pembantai

BAKERY

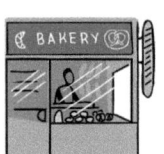

пекара

toko roti

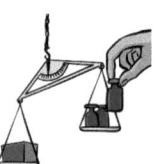

вагати

menimbang

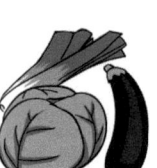

поврће

sayur

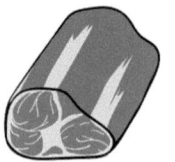

месо

daging

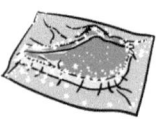

смрзнута храна

makanan beku

нарезак

pemotongan dingin

конзерве

makanan kaleng

средство за прање

sabun serbuk

слаткиши

permen

артикли за домаћинство

alat-alat rumah tangga

средства за чишћење

obat pembersihan

продавачица

penjual

благајна

kasa

благајник

kasir

листа за куповину

daftar belanja

време рада

jam buka

новчаник

dompet

кредитна картица

kartu kredit

торба

tas

пластична кеса

kantong plastik

вода

air

сок

jus

млеко

susu

кола

cola

вино

anggur

пиво

bir

алкохол

alkohol

какао

coklat

чај

teh

кава

kopi

еспресо

espresso

капућино

cappucino

банана

pisang

јабука

apel

наранџа

jeruk

лубеница

semangka

лимун

jeruk lemon

шаргарепа

wortel

бели лук

bawang putih

бамбус

bambu

лук

bawang bombai

гљива

jamur

орашасти плодови

kacang

резанци

mi

шпагете

spagetti

рижа

nasi

салата

salat

помфрит

kentang goreng

печени крумпир

kentang goreng

пица

pizza

хамбургер

hamburger

сендвич

sandwich

шницла

sayatan

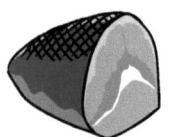

шунка

ham

салама

salami

кобасица

sosis

кокош

ayam

печење

menggoreng

риба

ikan

зобене пахуљице

bubur gandum

мусли

sereal

кукурузне пахуљице

cornflakes

брашно

tepung

кроасан

croissant

пециво

roti

хлеб

roti

тоаст

toast

кекси

biskuit

маслац

mentega

свежи сир

dadih

колач

kue

jaje

telur

jaje на око

telur goreng

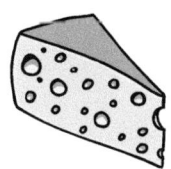

сир

keju

сладолед

eskrim

шећер

gula

мед

madu

мармелада

selai

нугат крема

krim nugat

кари

kare

сеоско газдинство

pertanian

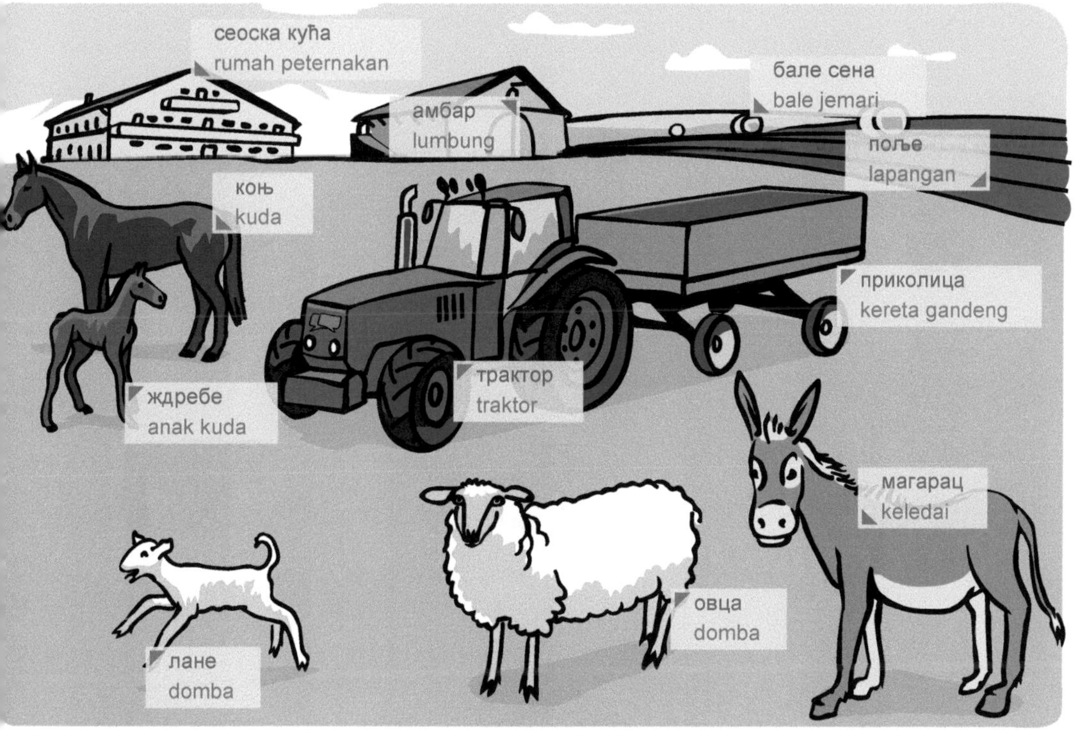

сеоска кућа
rumah peternakan
амбар
lumbung
бале сена
bale jemari
поље
lapangan
коњ
kuda
приколица
kereta gandeng
трактор
traktor
ждребе
anak kuda
магарац
keledai
овца
domba
лане
domba

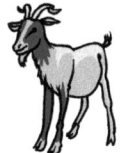

коза

kambing

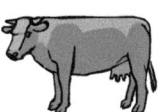

крава

sapi

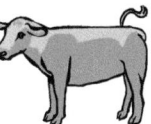

теле

betis

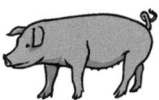

свиња

babi

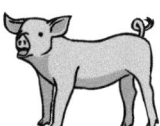

прасе

celeng

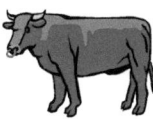

бик

banteng

гуска

angsa

патка

bebek

пилићи

anak ayam

кокош

ayam

петао

ayam jantan

пацов

tikus

мачка

kucing

миш

tikus

вол

lembu

пас

anjing

кућица за пса

rumah anjing

вртно црево

selang

канта за поливање

penyiram

коса

sabit

плуг

bajak

срп

sabit

мотика

cangkul

виљушка за ђубриво

garpu rumput

секира

kapak

тачке

gerobak

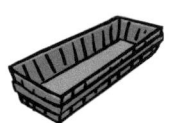

корито

palung

посуда за млеко

kaleng susu

вреħа

karung

ограда

pagar

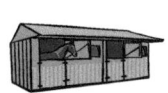

штала

kandang

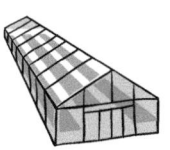

стакленик

rumah kaca

земља

tanah

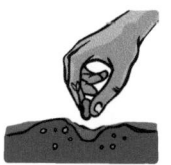

семе

benih

ђубриво

pupuk

комбајн

mesin pemanen

жети
panen

жетва
panen

јамс зачин
yams

пшеница
gandum

соја
kedelai

крумпир
kentang

кукуруз
jagung

уљана репица
lobak

воћка
pohon buah

гомољ маниоке
singkong

житарице
sereal

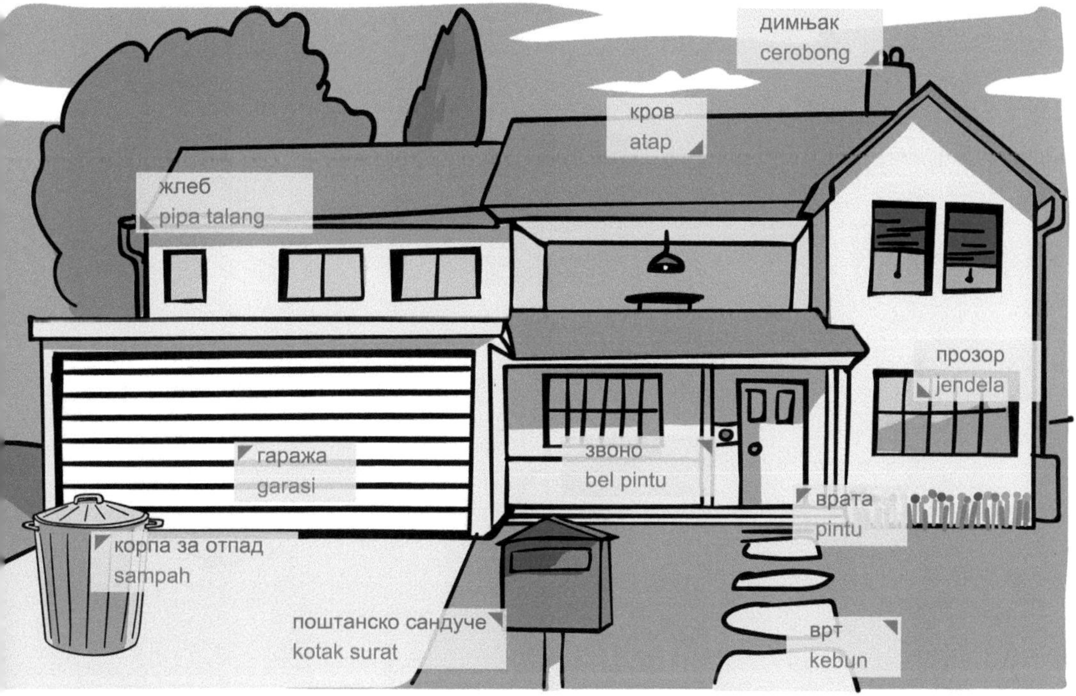

димњак
cerobong

кров
atap

жлеб
pipa talang

прозор
jendela

гаража
garasi

звоно
bel pintu

врата
pintu

корпа за отпад
sampah

поштанско сандуче
kotak surat

врт
kebun

дневна соба
ruang tamu

купаоница
kamar mandi

кухиња
dapur

спаваћа соба
kamar tidur

дечија соба
kamar anak

трпезарија
kamar makan

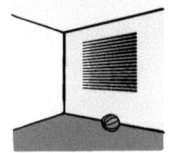

под
lantai

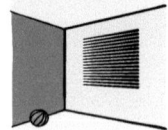

зид
tembok

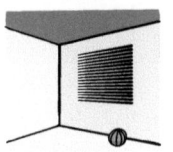

строп
atap

подрум
gudang di bawah tanah

сауна
sauna

балкон
balkon

тераса
teras

базен
kolam renang

косилица за траву
mesin pemotong rumput

постељина за кревет
sprei

дека за кревет
selimut

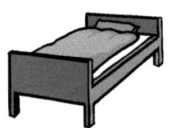

кревет
tempat tidur

метла
sapu

канта
ember

прекидач
tombol

дневна соба
ruang tamu

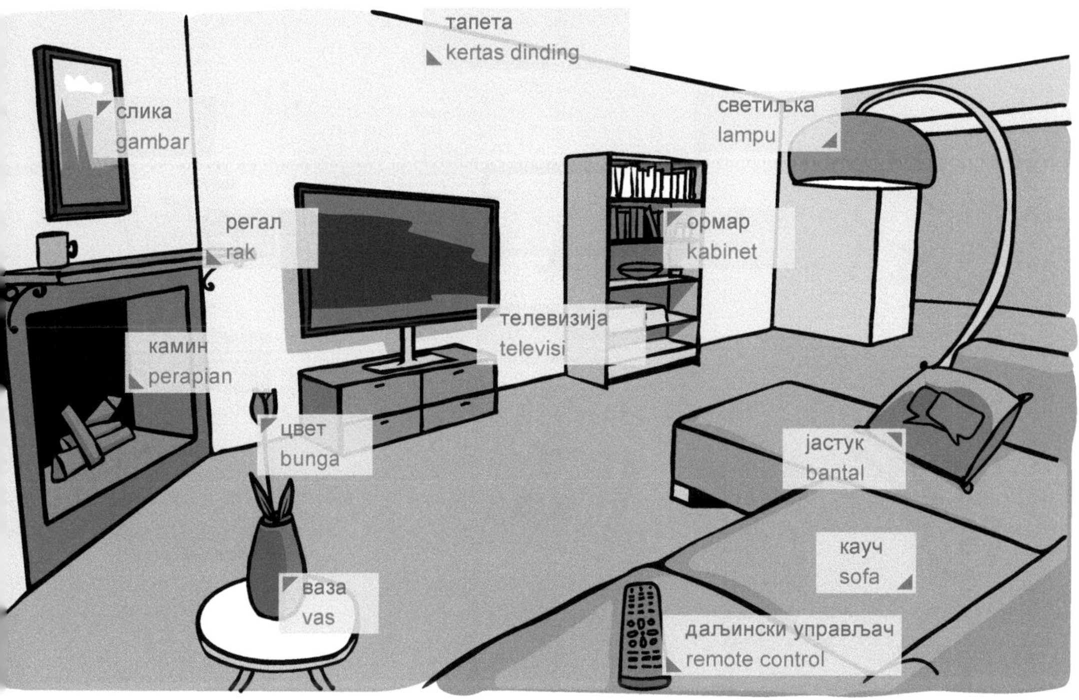
тапета
kertas dinding
слика
gambar
светиљка
lampu
регал
rak
ормар
kabinet
телевизија
televisi
камин
perapian
цвет
bunga
јастук
bantal
кауч
sofa
ваза
vas
даљински управљач
remote control

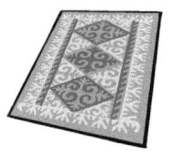

тепих
karpet

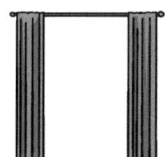

завеса
korden

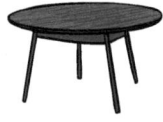

сто
meja

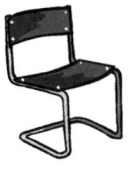

столица
kursi

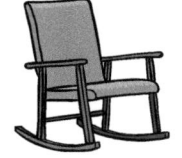

столица за љихање
kursi goyang

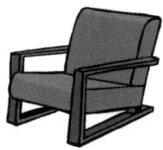

фотеља
kursi malas

књига

buku

дека

selimut

декорација

dekorasi

дрво за огрев

kayu bakar

филм

filem

хи-фи уређај

hi-fi

кључ

kunci

новине

koran

слика на платну

lukisan

постер

poster

радио

radio

блок за писање

buku tulis

усисивач

penyedot debu

кактус

kaktus

свећа

lilin

34

кухиња
dapur

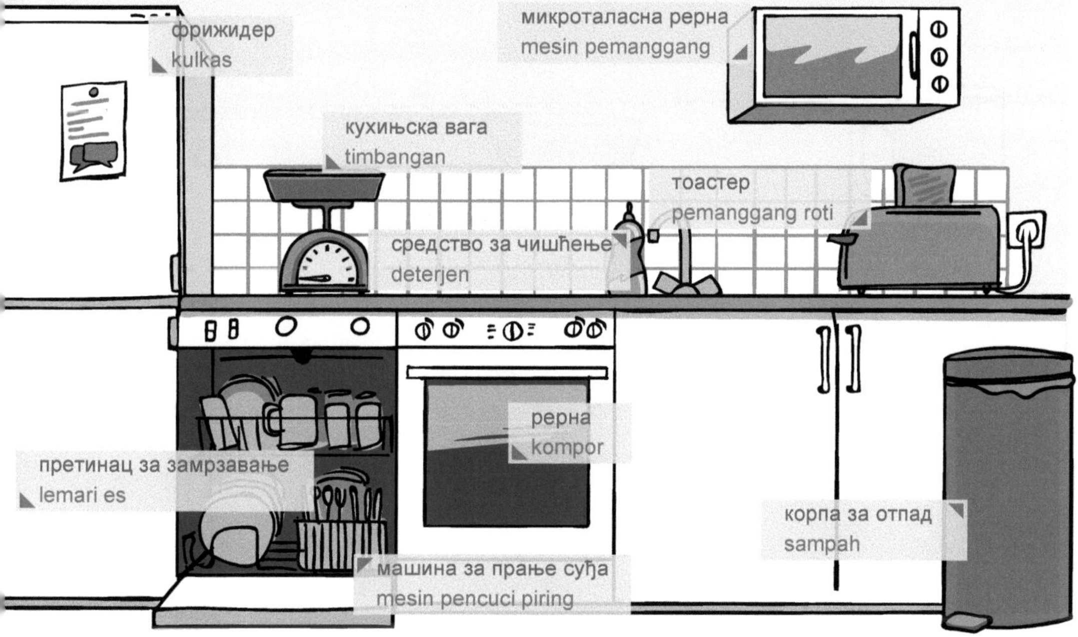

фрижидер
kulkas
микроталасна рерна
mesin pemanggang
кухињска вага
timbangan
тоастер
pemanggang roti
средство за чишћење
deterjen
рерна
kompor
претинац за замрзавање
lemari es
корпа за отпад
sampah
машина за прање суђа
mesin pencuci piring

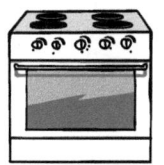

шпорет
kompor

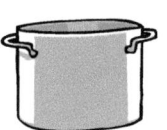

лонац
panci

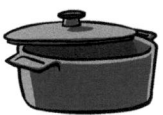

гвоздени лонац
panci besi

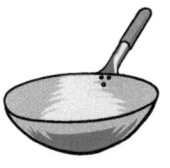

вок / кадаи
wajan

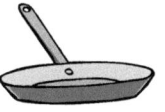

тава
panci

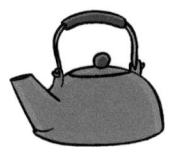

кувало за воду
pemanas air

кувало на пару

panci pengukus makanan

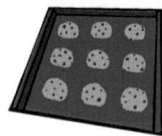

лим за печење

nampan

посуђе

piring

чаша

cangkir

посуда

mangkok

штапићи за јело

sumpit

кутлача

sendok sup

лопатица

sudip

пењача

mengocok

сито за кување

saringan

сито

saringan

рибеж

parutan

мужар

mortir

роштиљ

barbeque

огњиште

api terbuka

даска

papan memotong

оклагија

gilingan

вадичеп

alat pembuka botol

конзерва

kaleng

отварач конзерви

pembuka kaleng

крпа за лонац

pegangan panci

судопер

wastafel

четка

sikat

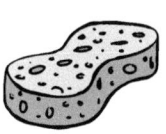

сунђер

busa

миксер

mesin pencampur

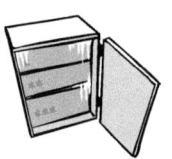

замрзивач

lemari es

флашица за бебе

botol bayi

славина за воду

keran

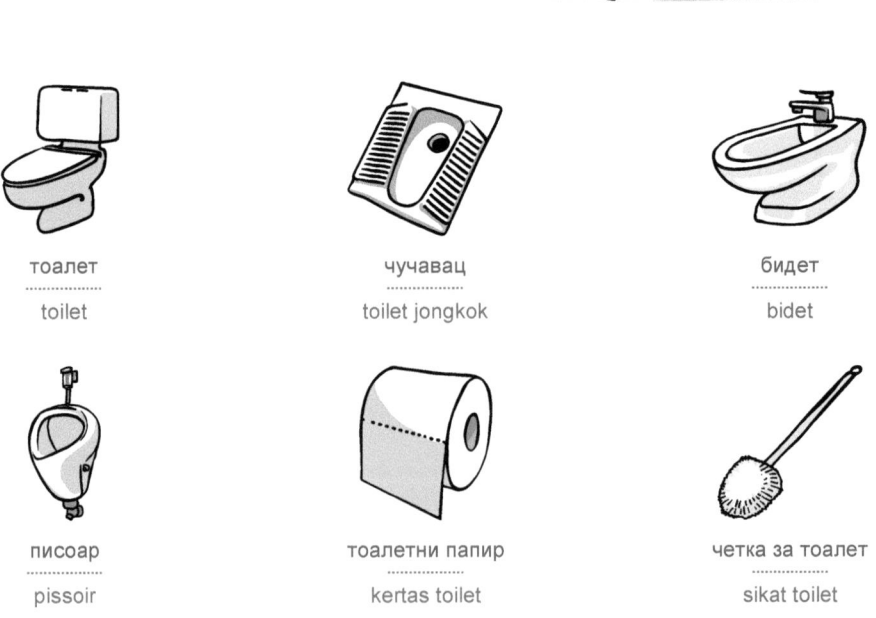

купаоница

kamar mandi

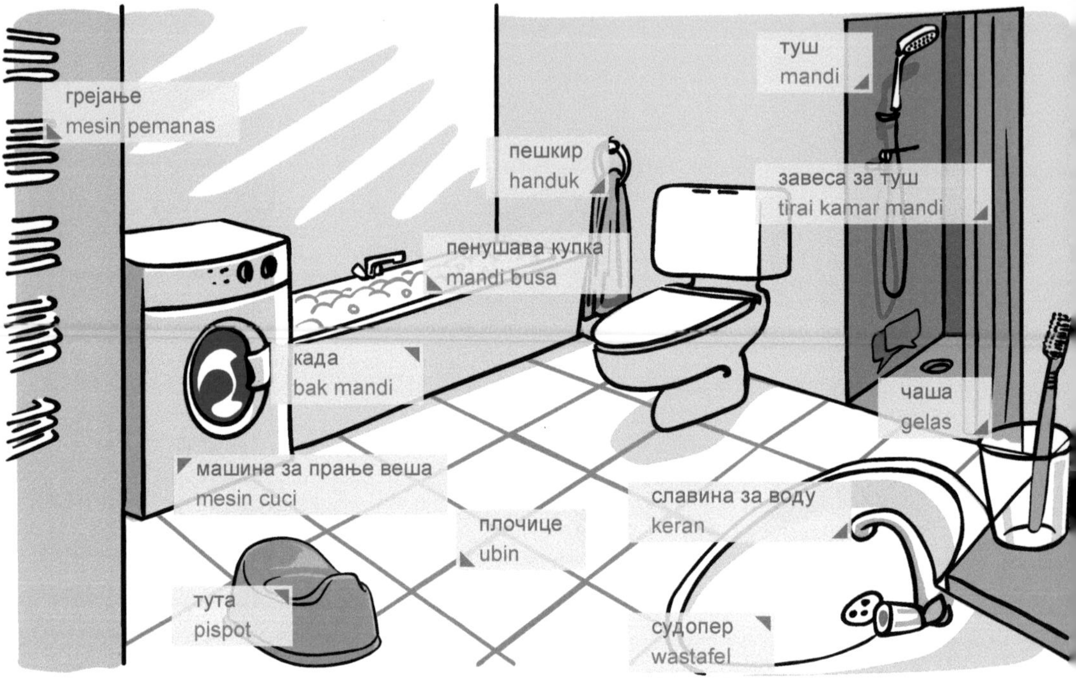
туш
mandi
грејање
mesin pemanas
пешкир
handuk
завеса за туш
tirai kamar mandi
пенушава купка
mandi busa
када
bak mandi
чаша
gelas
машина за прање веша
mesin cuci
славина за воду
keran
плочице
ubin
тута
pispot
судопер
wastafel

тоалет

toilet

чучавац

toilet jongkok

бидет

bidet

писоар

pissoir

тоалетни папир

kertas toilet

четка за тоалет

sikat toilet

четкица за зубе

sikat gigi

паста за зубе

pasta gigi

конац за зубе

benang gigi

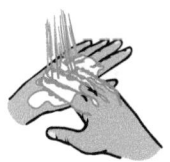

прати

menyuci

туш ручица

pancuran tangan

туш за прање интимних делова

pancuran

лавор

bak

четка за прање леђа

sikat punggung

сапун

sabun

гел за туширање

gel mandi

шампон

sampo

крпа за прање

planel

одвод

kuras

крема

krim

дезодоранс

deodoran

огледало

каса

козметичко огледало

cermin tangan

бријач

pisau cukur

пена за бријање

busa cukur

лосион за после бријања

aftershave

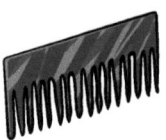

чешаљ

sisir

четка

sikat

фен за косу

alat pengering rambut

спреј за косу

semprot rambut

шминка

makeup

руж за усне

lipstik

лак за нокте

cat kuku

вата

kapas

маказе за нокте

gunting kuku

парфем

minyak wangi

козметичка торбица

kantong pencuci

столица

bangku

вага

timbangan

огртач

mantel mandi

рукавице за чишћење

sarung tangan karet

тампон

tampon

уложак

handuk pembalut

хемијски тоалет

toilet kimia

дечија соба
kamar anak

будилник
jam alarm
плишана играчка
boneka tidur
ауто играчка
mobil-mobilan
звечка
kelintung
кућица за лутке
rumah boneka
поклон
kado

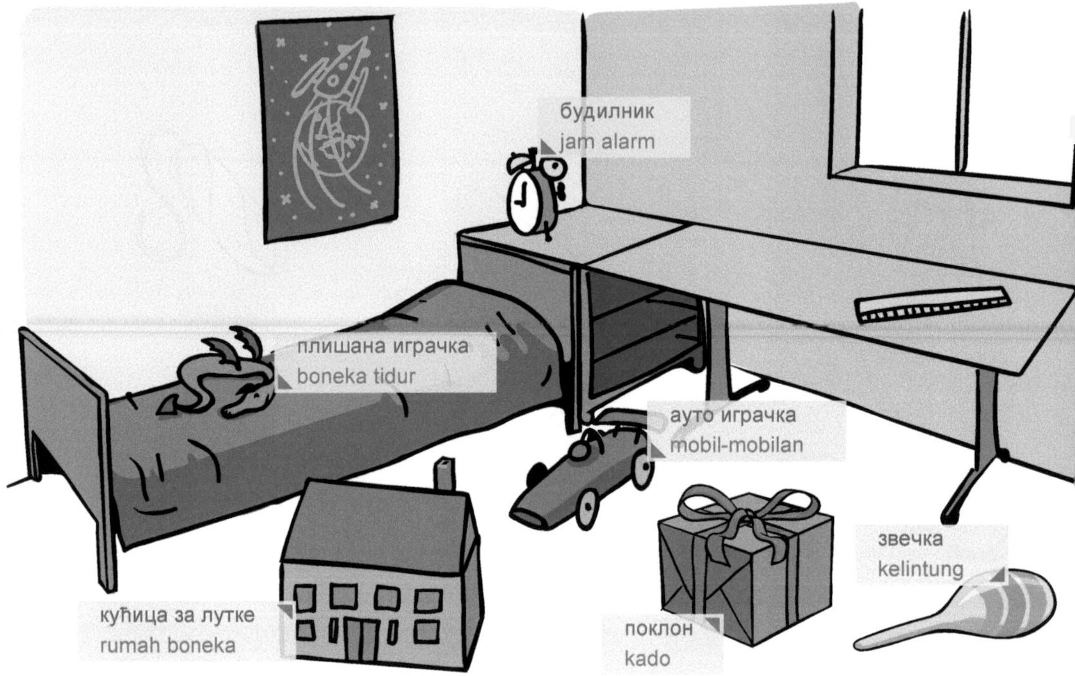

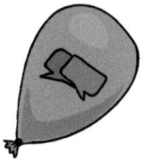

балон

balon

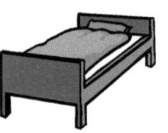

кревет

tempat tidur

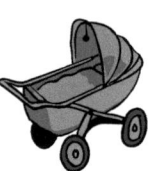

дјечија колица

kereta bayi

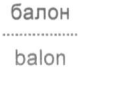

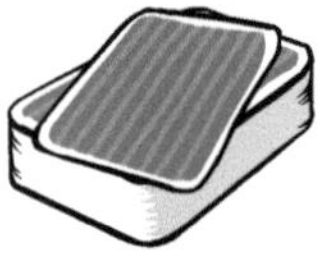

игра са картама

mainan kartu

слагалица

teka-teki

SUPER
MEGA

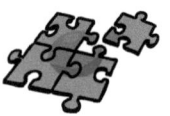

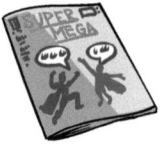

стрип

komik

лего коцкице

mainan lego

коцкице за слагање

blok mainan

акциони јунак

figur aksi

бенкица за бебе

baju monyet

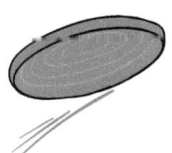

фризби

frisbee

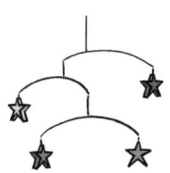

висеће играчке

mobile

друштвене игре

permainan papan

коцка

dadu

минијатурна жељезница

set model kreta api

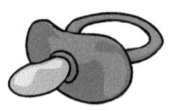

дуда

dot

забава

pesta

сликовница

buku gambar

лопта

bola

лутка

boneka

играти

bermain

пешчаник

tempat main pasir

љуљачка

ayunan

играчка

mainan

конзола за игре

video game konsol

трицикл

sepeda roda tiga

теди

teddy

ормар

lemari pakaian

одећа

pakaian

кратке чарапе

kaos kaki

чарапе

kaos kaki

хулахопке

baju ketat

шал
syal

кишобран
payung

мајица
kaos

каиш
sabuk

чизме
sepatu bot

папуче
sandal

патике
sepatu

сандале
sandal

ципеле
sepatu

гумене чизме
sepatu bot karet

гаћице
celana dalam

грудњак
BH

поткошуља
baju rompi

боди

body

панталоне

celana

фармерке

jeans

сукња

rok

блуза

blus

кошуља

kemeja

џемпер

aket berkerudung

џемпер с капуљачом

sweater

сако

jaket

јакна

jaket

мантил

mantel

кабаница

jas hujan

костим

kostum

хаљина

gaun

венчаница

gaun pengantin

одећа - pakaian

одело

setelan resmi

спаваћица

gaun tidur

пиџама

piyama

сари

sari

марама за главу

jilbab

турбан

turban

бурка

burka

кафтан

kaftan

абаја

abaya

купаћи костим

pakaian renang

купаће гаћице

celana renang

кратке панталоне

celana pendek

одећа за тренинг

olah raga

кецеља

celemek

рукавице

sarung tangan

дугме

kancing

наочаре

kacamata

наруквица

gelang

огрлица

kalung

прстен

cincin

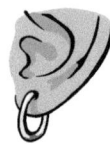

наушница

anting

капа

topi

вешалица

gantungan mantel

шешир

topi

кравата

dasi

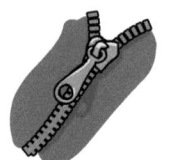

патент затварач

ritsleting

кацига

helm

нараменице

tali selempang

школска униформа

seragam sekolah

униформа

seragam

подбрадак

oto

дуда

dot

пелена

popok

канцеларија
kantor

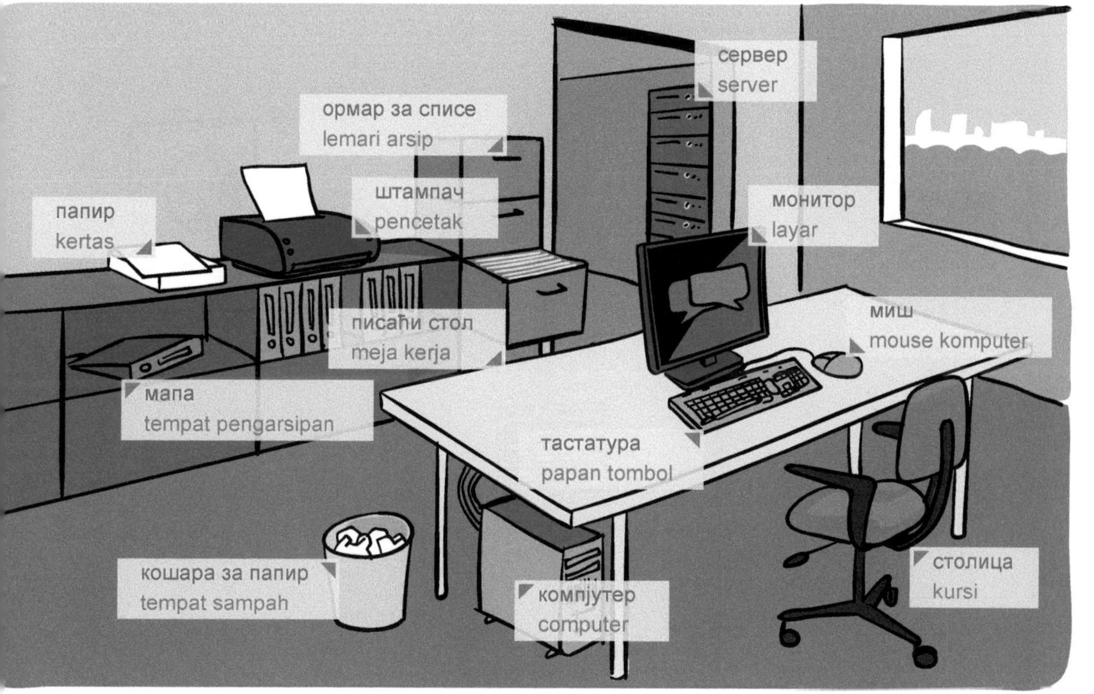

сервер
server

ормар за списе
lemari arsip

папир
kertas

штампач
pencetak

монитор
layar

писаћи стол
meja kerja

миш
mouse komputer

мапа
tempat pengarsipan

тастатура
papan tombol

кошара за папир
tempat sampah

столица
kursi

компјутер
computer

шалица за каву

cangkir kopi

калкулатор

kalkulator

интернет

internet

лаптоп

laptop

писмо

surat

порука

pesan

мобилни телефон

telepon seluler

мрежа

jaringan

уређај за копирање

fotokopi

софтвер

software

телефон

telepon

утичница

plug soket

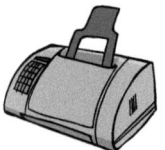

факс

mesin fax

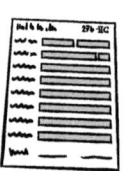

формулар

formulir

документ

dokumen

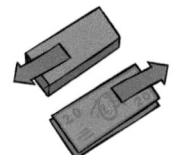

куповати

membeli

платити

membayar

трговати

berdagang

новац

uang

долар

Dollar

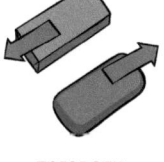

евро

Euro

јен

Yen

рубља

Rubel

швајцарски франак

Franc Swiss

ренминдби јуан

Renminbi Yuan

рупија

Rupiah

аутомат за новац

ATM

мењачница

kantor pertukaran mata uang

злато

emas

сребро

perak

нафта

minyak

енергија

energi

цена

harga

уговор

kontrak

порез

pajak

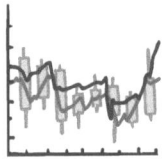

деонице

saham

радити

bekerja

службеник

karyawan

послодавац

majikan

фабрика

pabrik

продавница

toko

занимања
pekerjaan

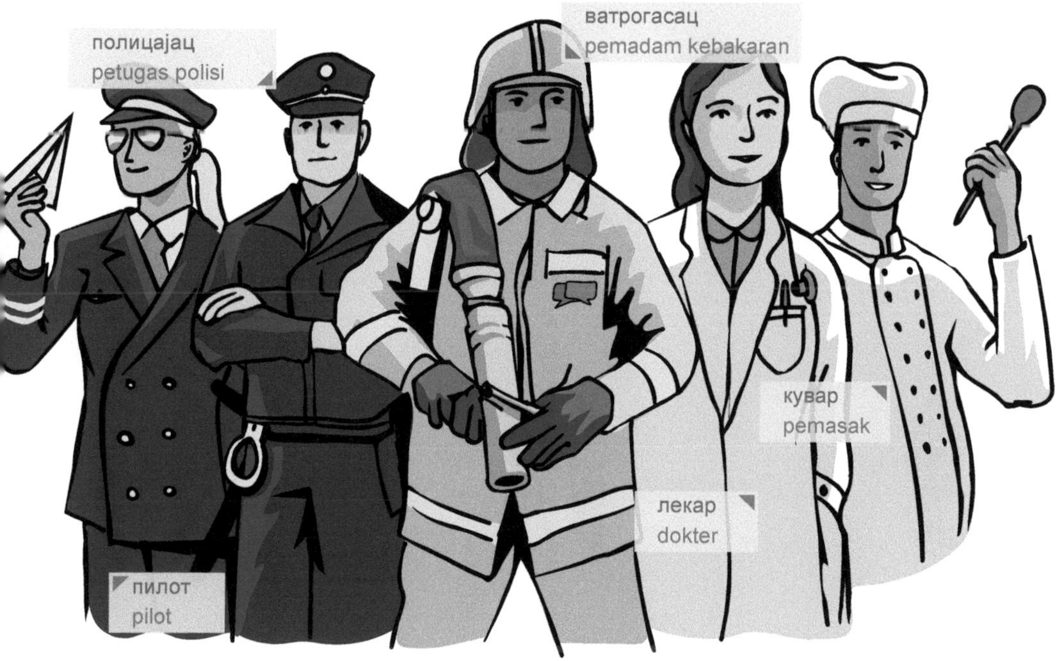

полицајац
petugas polisi
ватрогасац
pemadam kebakaran
кувар
pemasak
лекар
dokter
пилот
pilot

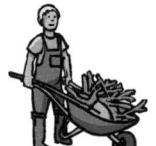

вртлар

tukan kebun

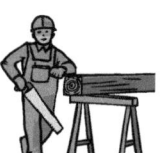

столар

tukang kayu

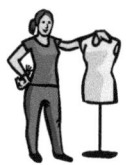

кројачица

penjahit wanita

судија

hakim

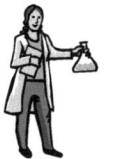

хемичар

ahli kimia

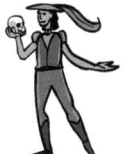

глумац

aktor

возач аутобуса

sopir bis

возач таксија

sopir taksi

рибар

nelayan

чистачица

pembantu

кровопокривач

tukang atap

конобар

pelayan

ловац

pemburu

сликар

pelukis

пекар

tukang roti

електричар

tukang listrik

грађевински радник

pembangun

инжењер

insinyur

месар

tukang daging

лимар

tukang ledeng

поштар

tukang pos

војник

tentara

архитекта

arsitek

благајник

kasir

цвећар

penjual bunga

фризер

penata rambut

кондуктер

konduktor

механичар

montir

капетан

kapten

зубар

dokter gigi

научник

ilmuwan

раби

rabbi

имам

imam

монах

biarawan

свећеник

pendeta

алати
alat

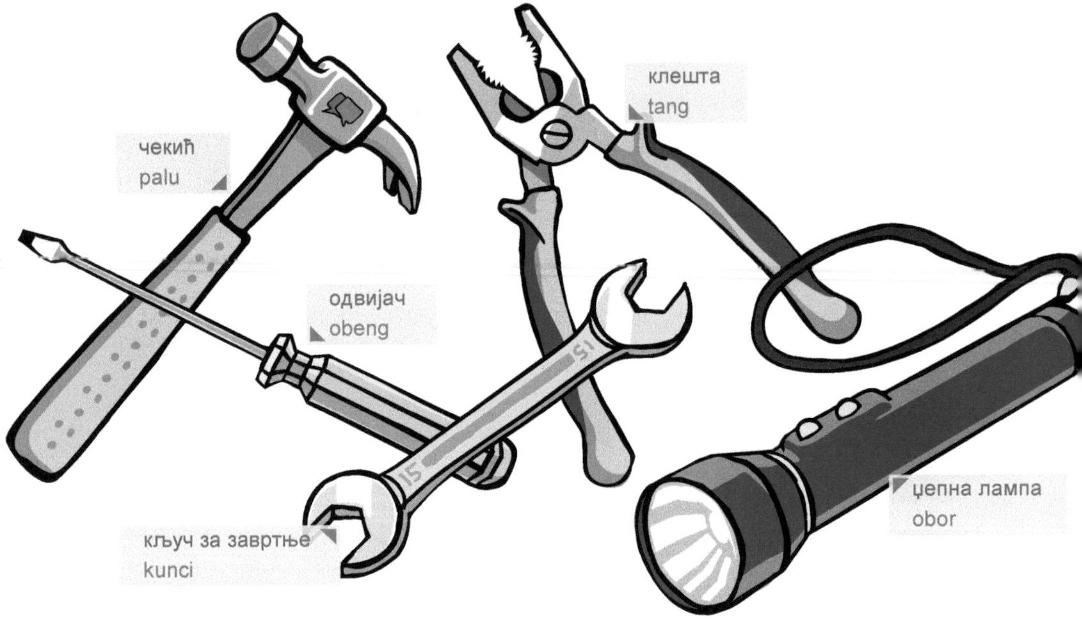
клешта
tang
чекић
palu
одвијач
obeng
кључ за завртње
kunci
џепна лампа
obor

багер

penggali

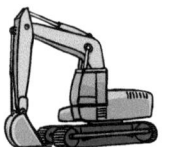

кутија за алат

tas perkakas

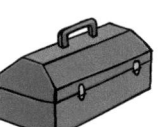

мердевине

tangga

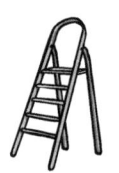

пила

gergaji

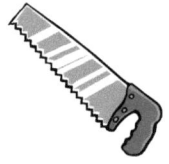

ексер

paku

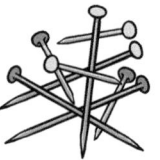

бушилица

bor

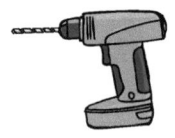

поправити

perbaikan

лопата

sekop

до ђавола!

Sialan!

лопатица

cikrak

лонац за боју

pot cat

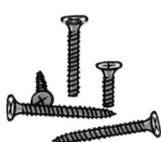

завртањи

sekrup

музички инструмент
alat musik

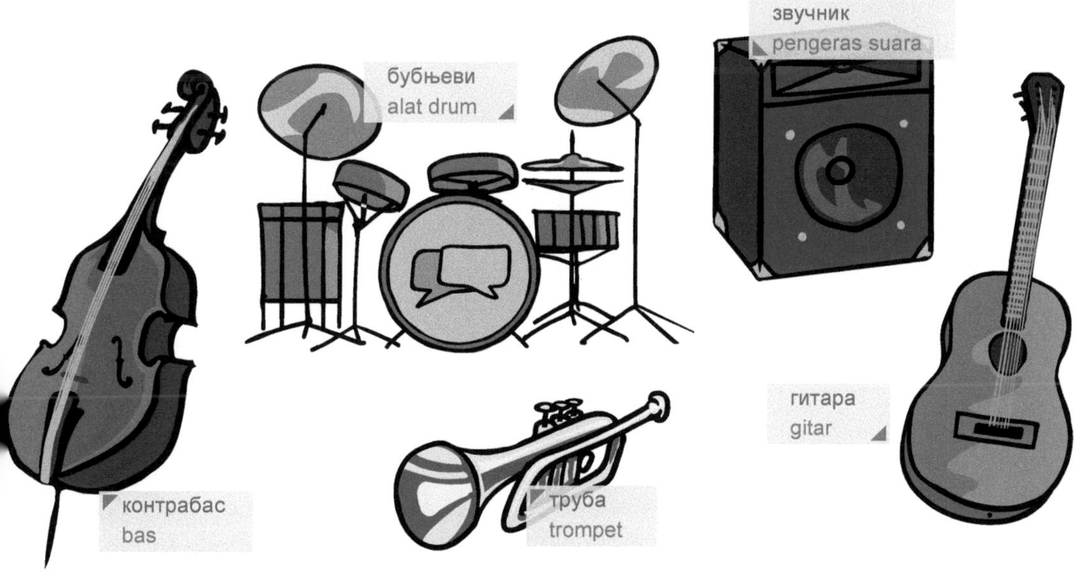

звучник
pengeras suara

бубњеви
alat drum

гитара
gitar

контрабас
bas

труба
trompet

клавир

piano

виолина

violin

бас

bass

тимпани

tambur

удараљке за бубњеве

drum

типке клавира

keyboard

саксофон

saksofon

флаута

suling

микрофон

mikrofon

зоолошки врт

kebun binatang

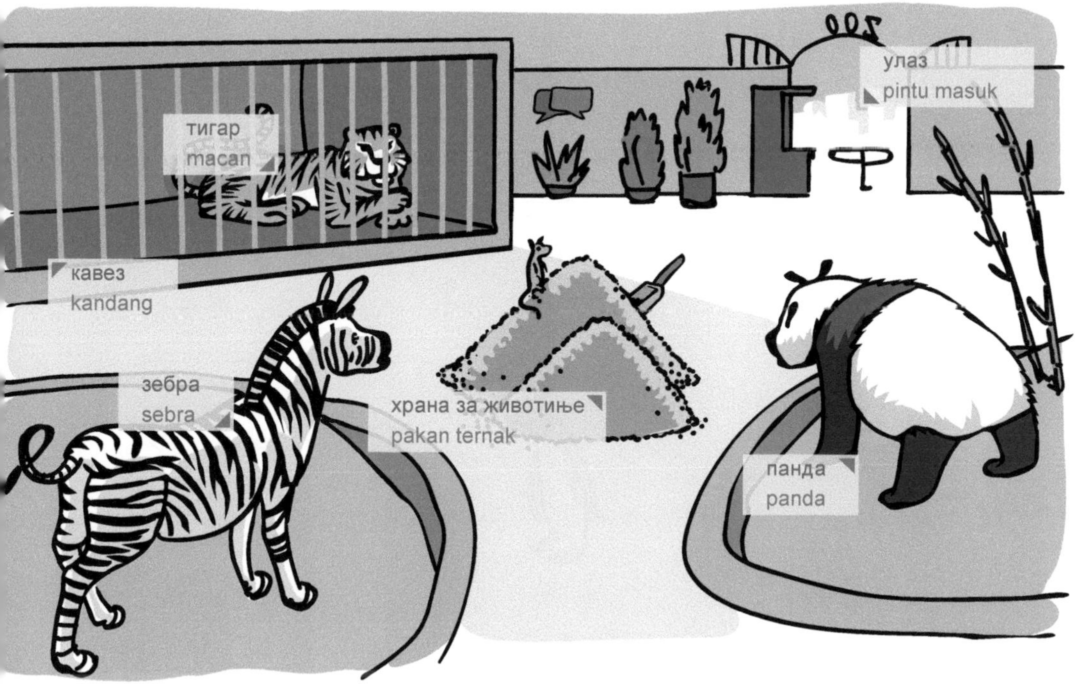
ZOO
улаз
pintu masuk
тигар
macan
кавез
kandang
зебра
sebra
храна за животиње
pakan ternak
панда
panda

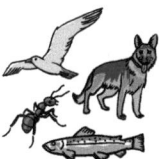

животиње

hewan

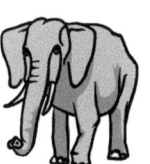

слон

gajah

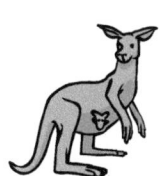

кенгур

kanguru

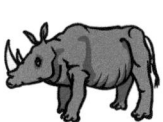

носорог

badak

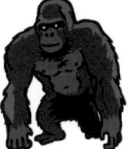

горила

gorila

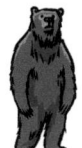

медвед

beruang

камила

unta

ној

burung unta

лав

singa

мајмун

monyet

фламинго

flamingo

папагај

burung beo

поларни медвед

beruang polar

пингвин

penguin

ајкула

hiu

паун

merak

змија

ular

крокодил

buaya

чувар у зоолошком врту

penjaga kebun binatang

туљан

segel

јагуар

jaguar

пони

kuda poni

леопард

macan tutul

нилски коњ

kuda nil

жирафа

jerapah

орао

burung elang

дивља свиња

babi jantan

риба

ikan

корњача

kura-kura

морж

anjing laut

лисица

rubah

газела

kijang

амерички ногомет
american football

бициклизам
naik sepeda

тенис
tennis

кошарка
basketbal

пливање
bernang

бокс
tinju

хокеј на леду
hoki es

фудбал
sepak bola

бадминтон
badminton

атлетика
atletik

рукомет
bola tangan

скијање
main ski

поло
polo

смејати се
ketawa

скочити
meloncat

загрлити
memeluk

ићи
berjalan

певати
menyanyi

сањати
mengimpi

молити се
berdoa

пољубити
mencium

писати

menulis

цртати

melukis

показати

menunjuk

гурати

mendorong

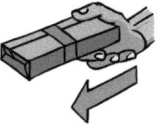

дати

memberikan

узети

mengambil

имати

mempunyai

чинити

melakukan

бити

adalah

стојати

berdiri

трчати

berlari

повлачити

menarik

бацити

melempar

падати

jatuh

лежати

tidur

чекати

menunggu

носити

membawa

седити

duduk

облачити

berpakaian

спавати

tidur

пробудити се

bangun

гледати

melihat

плакати

menangis

миловати

mengelus

чешљати

menyisir

говорити

berbicara

разумети

mengerti

питати

menanyak

слушати

mendengar

пити

minum

јести

makan

поспремити

merapikan

волети

cinta

кухати

memasak

возити

menyetir

летети

terbang

пловити

berlayar

рачунати

menghitung

читати

membaca

учити

belajar

радити

bekerja

венчати се

menikah

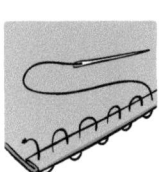

шити

menjahit

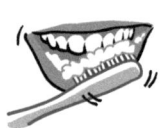

прати зубе

sikat gigi

убити

membunuh

пушити

merokok

послати

kirim

породица
keluarga

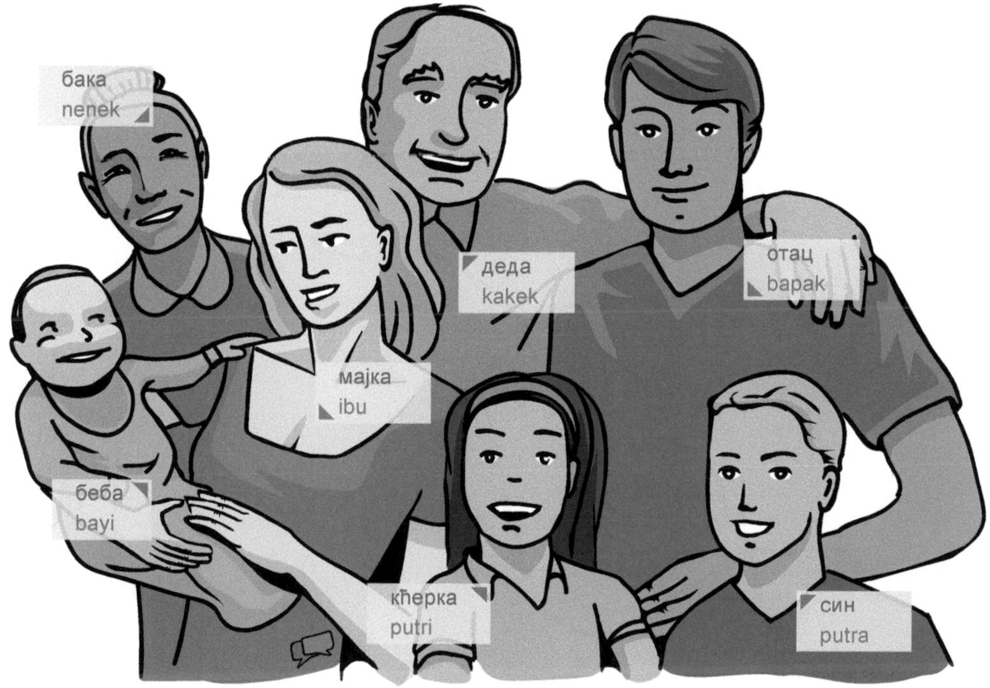

бака
nenek
деда
kakek
отац
bapak
мајка
ibu
беба
bayi
кћерка
putri
син
putra

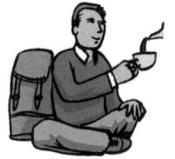

гост

tamu

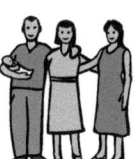

тетка

bibi

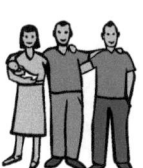

ујак, стриц

paman

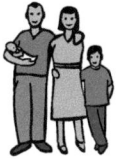

брат

kakak laki

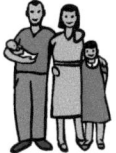

сестра

kakak perempuan

тело

badan

чело
dahi
око
mata
раме
bahu
прст
jari
лице
muka
брада
dagu
рука
tangan
нога
kaki
груди
payudara
рука
lengan

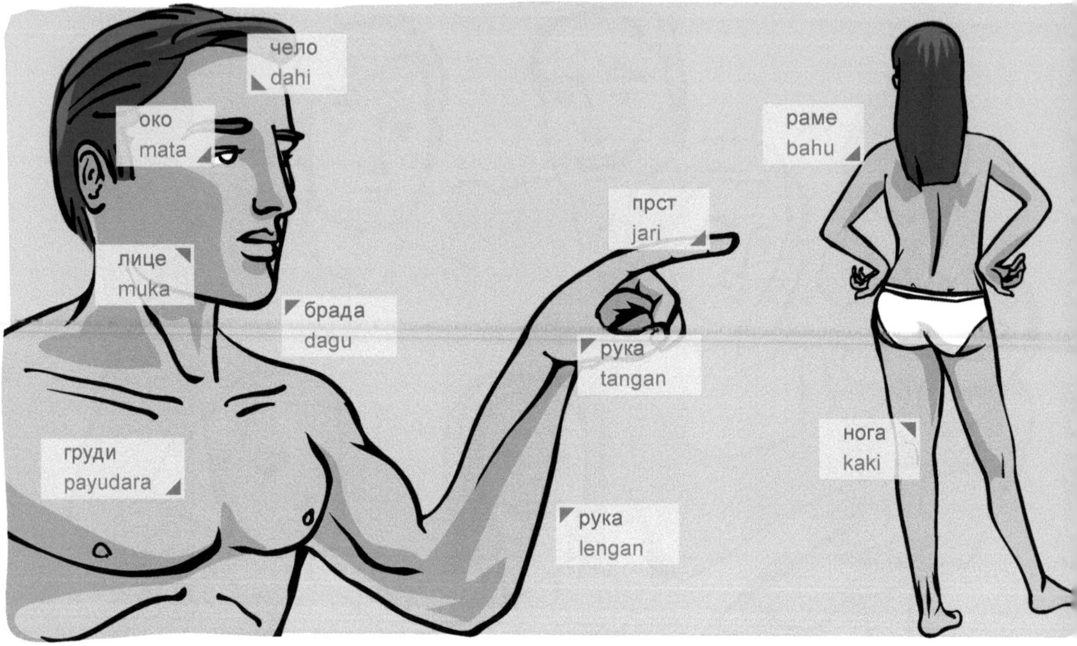

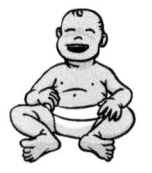

беба

bayi

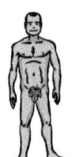

мушкарац

pria

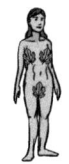

жена

wanita

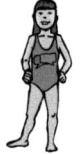

девојчица

perempuan

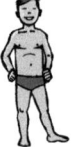

дечак

laki

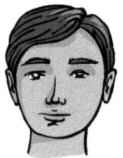

глава

kepala

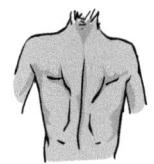

леђа

punggung

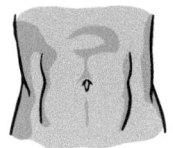

стомак

perut

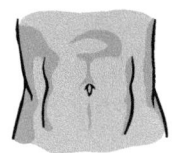

пупак

pusar

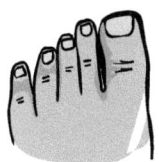

ножни прст

toe

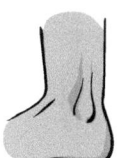

пета

tumit

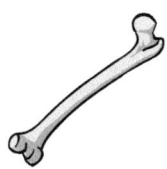

кост

tulang

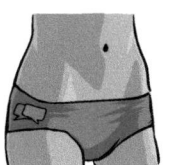

кукови

pinggang

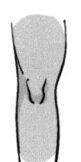

колено

lutut

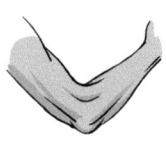

лакат

siku

нос

hidung

задњица

pantat

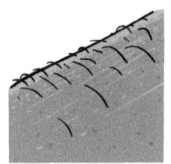

кожа

kulit

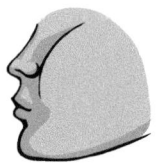

образ

pipi

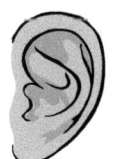

уво

telinga

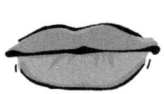

усна

bibir

уста
mulut

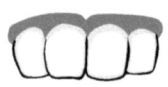

зуб
gigi

језик
lidah

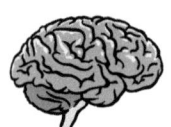

мозак
otak

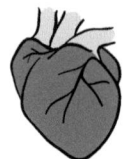

срце
jantung

мишић
otot

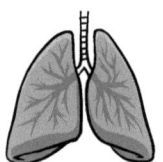

плућа
paru-paru

јетра
hati

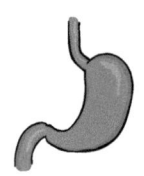

желудац
stomach

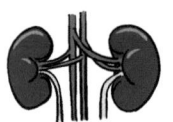

бубрези
ginjal

полни однос
hubungan seks

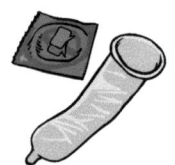

кондом
kondom

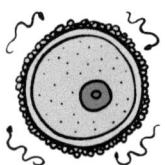

јајна ћелија
sel telur

сперма
sperma

трудноћа
kehamilan

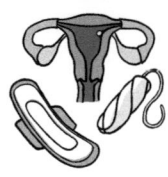

менструација

menstruasi

вагина

vagina

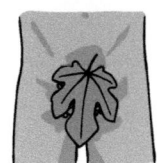

пенис

penis

обрва

alis

коса

rambut

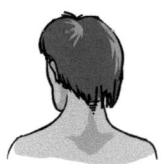

врат

leher

болница
rumah sakit

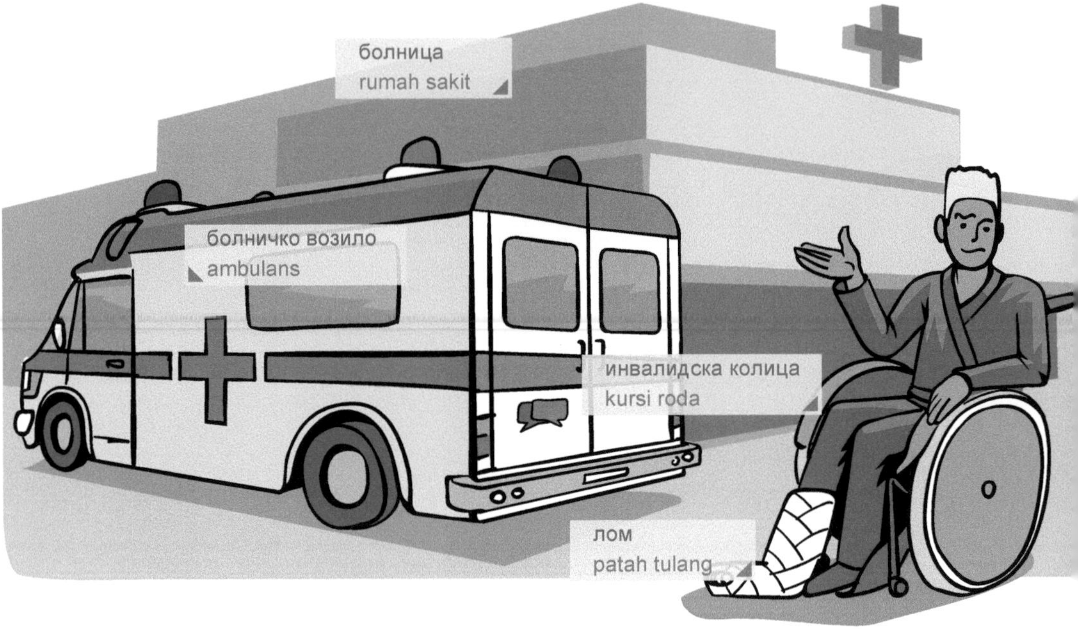

болница
rumah sakit
болничко возило
ambulans
инвалидска колица
kursi roda
лом
patah tulang

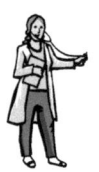

лекар

dokter

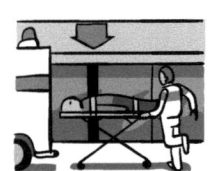

хитна медицинска служба

ruang darurat

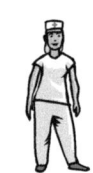

медицинска сестра

perawat

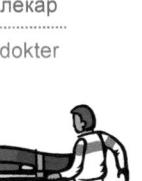

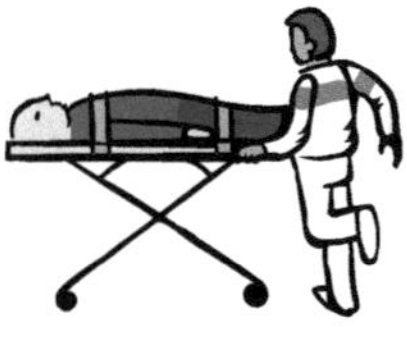

хитни случај

darurat

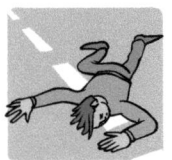

несвест

semaput

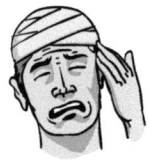

бол

sakit

повреда

cedera

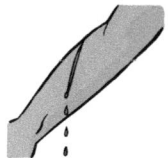

крварење

perdarahan

срчани удар

serangan jantung

удар

stroke

алергија

alergi

кашаљ

batuk

грозница

demam

грипа

flu

пролив

diare

главобоља

sakit kepala

рак

kanker

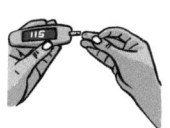

дијабетес

diabetes

хирург

ahli bedah

скалпел

pisau bedah

операција

operasi

цт
....
CT

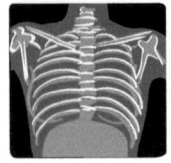

рентген
....
sinar x

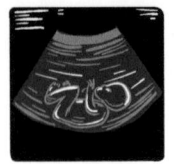

ултразвук
....
usg

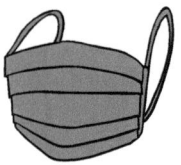

маска
....
topeng

болест
....
penyakit

чекаона
....
ruang tunggu

штака
....
penyokong

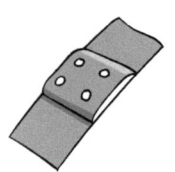

фластер
....
plester

завој
....
perban

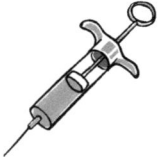

ињекција
....
injeksi

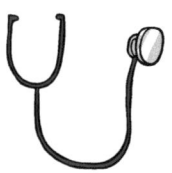

стетоскоп
....
stetoskop

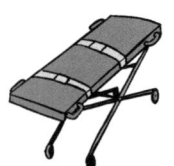

носила
....
usungan

термометар
....
termometer klinis

рођење
....
kelahiran

прекомерна тежина
....
kelebihan berat badan

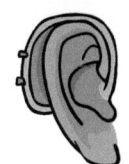

слушни апарат

alat pendengar

средство за дезинфекцију

desinfektan

инфекција

infeksi

вирус

virus

хив / аидс

HIV / AIDS

медицина

obat

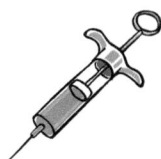

вакцинација

vaksinasi

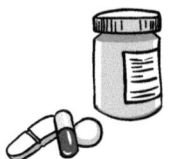

таблете

tablet

пилула

pil

хитни позив

panggilan darurat

уређај за мерење притиска

ukur tekanan darah

болесно / здраво

sakit / sehat

помоћ!

Tolong!

аларм

alarm

насртај

penyerbuan

напад

serangan

опасност

bahaya

излаз у случају нужде

pintu darurat

пожар!

Api!

противпожарни апарат

alat pemadam kebakaran

незгода

kecelakaan

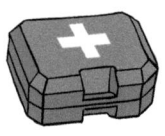

кутија прве помоћи

kit pertolongan pertama

сос

SOS

полиција

polisi

Европа

Eropa

Северна Америка

Amerika Utara

Јужна Америка

Amerika Selatan

Африка

Afrika

Азија

Asia

Аустралија

Australi

Атлантик

Atlantik

Пацифик

Pasifik

Индијски океан

Samudra India

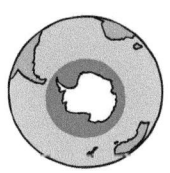

Антарктички океан

Samudra Antartika

Арктички океан

Samudra Arktik

Северни рол

kutub utara

Јужни рол

kutub selatan

Антарктик

Antarktika

земља

bumi

земља

tanah

море

laut

оток

pulau

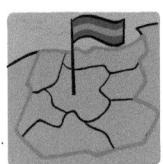

нација

bangsa

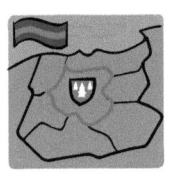

држава

negara

бројчаник сата

jam wajah

сатна казаљка

jarum pendek

минутна казаљка

jarum menit

секундна казаљка

jarum detik

Колико је сати?

Jam berapa?

дан

hari

време

waktu

сада

sekarang

дигитални сат

jam digital

минута

menit

час

jam

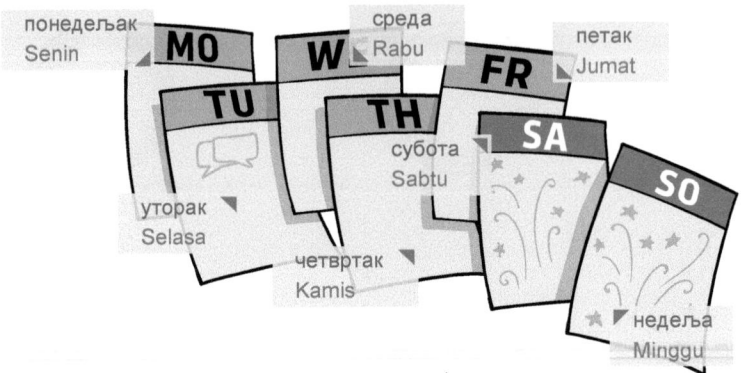

понедељак
Senin

среда
Rabu

петак
Jumat

уторак
Selasa

четвртак
Kamis

субота
Sabtu

недеља
Minggu

јуче

kemaren

данас

hari ini

сутра

besok

јутро

pagi

подне

siang

вече

malam

радни дани

hari kerja

викенд

akhir minggu

година

tahun

киша
hujan
дуга
pelangi
ветар
angin
снег
salju
пролеће
musim semi
лето
musim panas
јесен
musim gugur
зима
musim dingin

4.APRIL 11°
5.APRIL 4°
6.APRIL 13°
7.APRIL 8°
8.APRIL 10°

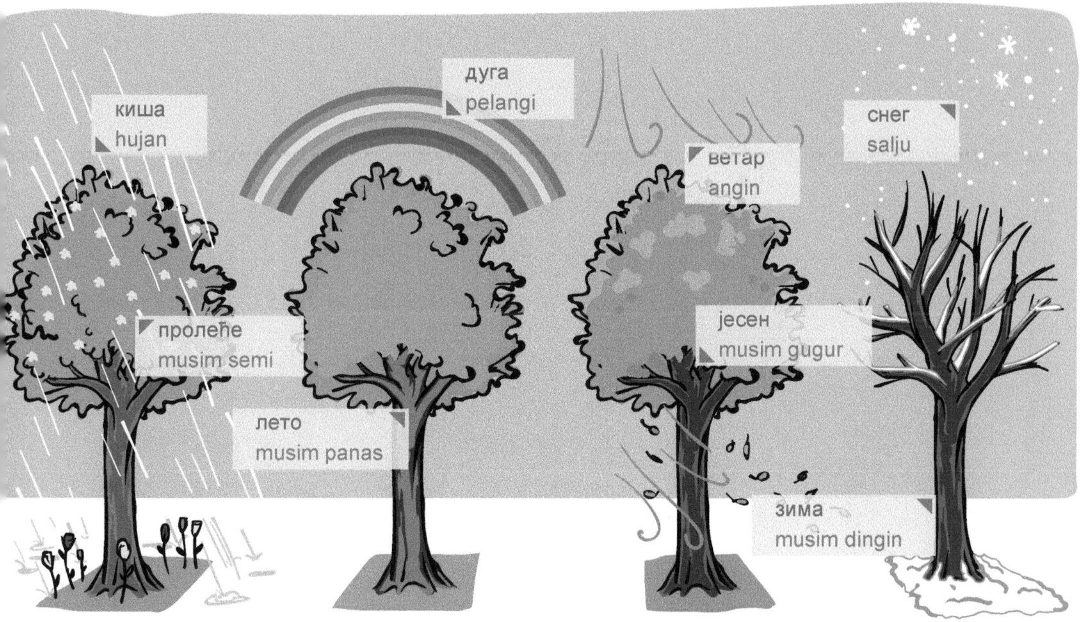

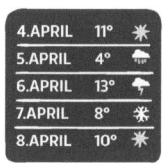

метеоролошка прогноза

ramalan cuaca

F C
120 40
90 30
60 20
30 10
0 0
-30 -10
-20

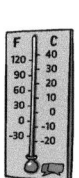

термометар

termometer

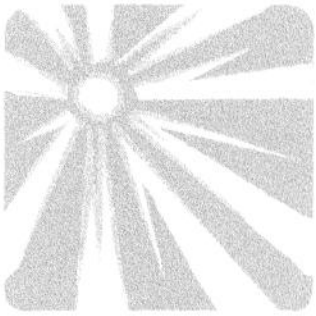

сунчана светлост

matahari

облак

awan

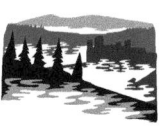

магла

kabut

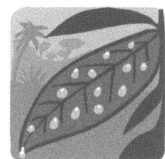

влажност ваздуха

kelembahan

муња

kilat

грмљавина

guntur

олуја

badai

туча

hujan es

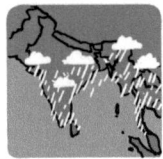

монсун

monsun

поплава

banjir

лед

es

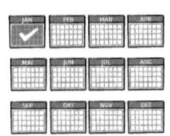

јануар

Januari

фебруар

Februari

март

Maret

април

April

мај

Mei

јуни

Juni

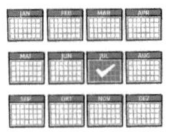

јули

Juli

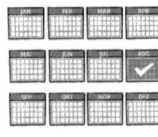

август

Agustus

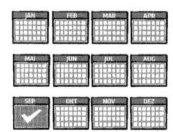

септембар

September

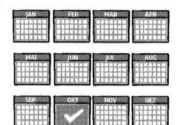

октобар

Oktober

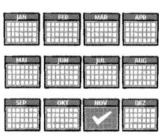

новембар

November

децембар

Desember

круг

lingkaran

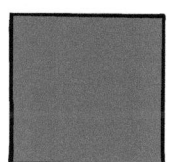

квадрат

persegi

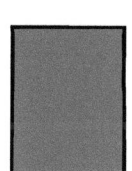

правоугао

persegi panjang

троугао

segi tiga

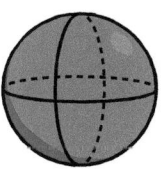

кугла

bola

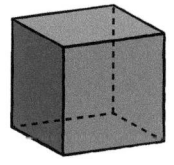

коцка

kubus

бела

putih

жута

kuning

наранџаста

oranye

ружичаста

pink

црвена

merah

љубичаста

ungu

плава

biru

зелена

hijau

смеђа

coklat

сива

abu-abu

црна

hitam

много / мало

banyak / sedikit

љутито / мирно

marah / tenang

лепо / ружно

cantik / jelek

почетак / крај

mulaih / selesai

велико / малено

besar / kecil

светло / тамно

terang / gelap

брат / сестра

saudara laki-laki / saudara
perempuan

чисто / прљаво

bersih / kotor

потпуно / непотпуно

lengkap / tidak lengkap

дан / ноћ

hari / malam

мртво / живо

mati / hidup

широко / уско

luas / sempit

јестиво / нејестиво

dapat dimakan / tidak dapat dimakan

зло / добро

jahat / baik

узбуђено / досадно

bersemangat / bosan

дебело / мршаво

gemuk / kurus

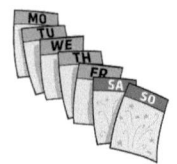

на почетку / на крају

pertama / terakhir

пријатељ / непријатељ

teman / musuh

пуно / празно

penuh / kosong

тврдо / мекано

keras / lembut

тешко / лагано

berat / enteng

глад / жеђ

lapar / haus

болесно / здраво

sakit / sehat

илегално / легално

ilegal / legal

паметно / глупо

cerdas / bodoh

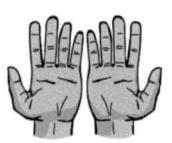

лево / десно

kiri / kanan

близу / далеко

dekat / jauh

ново / половно

baru / bekas

ништа / нешто

tidak ada apapun / sesuatu

старо / младо

tua / muda

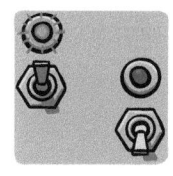

укључено / искључено

nyala / mati

отворено / затворено

buka / tutup

тихо / гласно

tenang / keras

богато / сиромашно

kaya / miskin

тачно / погрешно

benar / salah

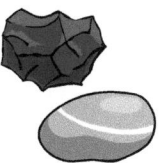

храпаво / глатко

kasar / halus

тужно / сретно

sedih / gembira

кратко / дуго

pendek / panjang

полако / брзо

pelan-pelan / cepat

мокро / сухо

basah / kering

топло / хладно

hangat / sejuk

рат / мир

perang / damai

супротности - berlawanan

angka-angka

0	**1**	**2**
нула	један	два
nol	satu	dua
3	**4**	**5**
три	четири	пет
tiga	empat	lima
6	**7**	**8**
шест	седам	осам
enam	tujuh	delapan
9	**10**	**11**
девет	десет	једанаест
sembilan	sepuluh	sebelas

12	**13**	**14**
дванаест	тринаест	четрнаест
duabelas	tigabelas	empatbelas

15	**16**	**17**
петнаест	шестнаест	седамнаест
limabelas	enambelas	tujuhbelas

18	**19**	**20**
осамнаест	деветнаест	двадесет
delapanbelas	sembilanbelas	duapuluh

100	**1.000**	**1.000.000**
стотину	хиљаду	милион
seratus	seribu	juta

енглески

Inggris

амерички енглески

bahasa Inggris Amerika

мандарински кинески

bahasa Cina Mandarin

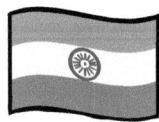

хиндски

bahasa Hindi

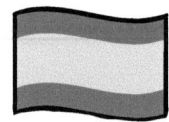

шпански

bahasa Spanyol

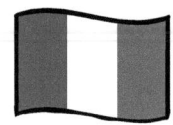

француски

bahasa Perancis

арапски

bahasa Arab

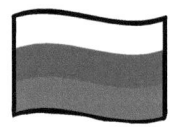

руски

bahasa Rusia

португалски

bahasa Portugis

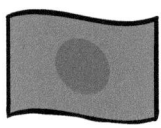

бенгалски

bahasa Bengal

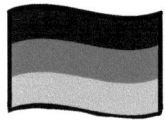

немачки

bahasa Jerman

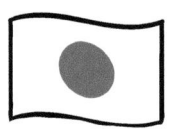

јапански

bahasa Jepang

ja

saya

ти

kamu

он / она / оно

dia

ми

kita

ви

kalian

они

mereka

Ко?

siapa?

Шта?

apa?

Како?

begaimana?

Где?

dimana?

Када?

kapan?

име

nama

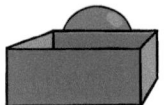

иза

dibelakang

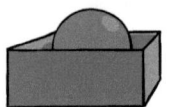

у

di

испред

didepan

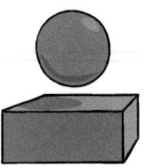

преко

diatas

на

diatas

испод

dibawah

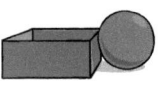

поред

sebelah

између

di antara

место

tempat